MW00948924

Made in the USA
Monee, IL
24 June 2022

98567623R00072